Katie Casprini

Roberta Guidotti

MAMA, ICH BACK DAS SCHON!

BACKEN NACH BILDERN

MAMA, ICH BACK DAS SCHON!

BACKEN NACH BILDERN

DIESES BUCH GEHÖRT

INHALT

Einführung

Rezepte

S. 20

S. 26

S. 32

S. 36

S. 42

S. 48

S. 54

S. 60

S. 64

EINLEITUNG

Dieses Buch möchte Kindern gesundes Essen und die richtige Ernährung beibringen. Dabei geht es nicht um perfekte Kuchen und Desserts, sondern darum, die Selbstständigkeit zu fördern und Backen zu einem gemeinsamen und unterhaltsamen Erlebnis zu machen. Durch einfache bebilderte Rezepte macht Backen richtig Spaß!

Die Idee zu diesem Buch entstand in unserer Küche beim Kochen und Backen mit unseren Kindern. Nach ihren wiederholten Bitten auch einmal allein kochen zu dürfen, haben wir überlegt, wie wir ihnen diesen Wunsch ermöglichen können. Wichtig dabei war es, ihnen ein Höchstmaß an Selbstständigkeit zu geben und gleichzeitig Spaß in der Küche vermitteln zu können. Aus diesen Überlegungen entstand eine einfache Methode, die **ab einem Alter von etwa drei Jahren** angewendet werden kann. Wir haben uns Rezepte ausgedacht, die auch Kindern gelingen, die noch nicht lesen und vielleicht nur mit den Fingern einer Hand zählen können.

Der Text ist auf ein Minimum reduziert und es wird viel über die Bildsprache von Fotos und Zeichnungen übermittelt. Zusätzlich wird in diesem vereinfachten Ansatz mit Mengenangaben gearbeitet, bei denen **keine Waage benutzt werden muss**, sondern nur ein Joghurtbecher oder ein Esslöffel. So wird daraus ein sehr unterhaltsames Erlebnis, welches zudem Aspekte der kindlichen Entwicklung wie Bewegung, Kontrolle und Konzentrationsfähigkeit verbessert.

Für die Rezepte werden nur wenige Zutaten benötigt, die meist sowieso im Vorratsschrank stehen oder überall erhältlich sind.

Für eine leichtere Erkennbarkeit haben wir Bildaufkleber erstellt, die du auf deine Küchengefäße kleben kannst. So kann dein Kind die Bilder aus dem Buch auf den Behältern wiederfindet und direkt die richtigen Zutaten verwenden.

Es kann die einzelnen Rezeptschritte anhand der Fotos selbst nachvollziehen und das alles **ohne lesen zu können!**

Backen ist eine tolle Beschäftigung für Kinder und macht ihnen noch mehr Spaß, wenn sie uns Erwachsenen nacheifern können und selbstgemachte leckere Backwerke entstehen!

„Hilf mir, es selbst zu tun."

Maria Montessori

MONTESSORI IN DER KÜCHE

Allein zu kochen hat für Kinder viele Vorteile.

Verbessert
die Konzentrationsfähigkeit.

Fördert
die Handmotorik und kontrolliert Handbewegungen.

Trainiert
Abläufe und das Zählen der Mengenangaben gemäß den Rezepten.

Fördert
die Selbstständigkeit und stärkt das Selbstvertrauen.

Ermutigt
Kinder auf sich zu achten und sich gesund zu ernähren.

Hilft
Kindern bei ihrer Ernährung weniger wählerisch und pingelig zu sein.

Leitet
Kinder an in einzelnen Schritten zu denken.

DIE MEINUNG DER EXPERTIN

„Kann man einem Kind auf unterhaltsame Art und Weise beibringen gutes Essen zu probieren?“

Ja, natürlich!

Kinder in die Zubereitung gesunder Lebensmittel einzubeziehen, ist eine der besten Methoden, um die fünf Sinne zu trainieren, die Selbstständigkeit zu fördern und die ersten Grundlagen in der Ernährungserziehung zu legen. Durch den Umgang mit Lebensmitteln wird das Kind mit dem Aussehen, dem Namen, der Farbe, der Form und dem Geruch der Lebensmittel vertraut und lernt, dem Essen Bedeutung und Wert beizumessen. Kurz gesagt: Über Essen zu sprechen, es anzuschauen und anzufassen macht Spaß und legt den Grundstein für eine gesunde Ernährung.

„Welche Zutaten sind für Kinder geeignet?“

Diejenigen, die zu uns passen. Einfache Zutaten, die wir schon aus der Küche unserer Großmutter kennen und die uns an den Duft ihres Gebäcks erinnern. Kuchen und Gebäck, die unsere Sehnsucht nach Liebe und Fürsorge stillen. Beziehe die Kinder in die Auswahl der Zutaten mit ein – sie werden deine Erklärungen zu schätzen wissen und sich auch später für gesunde Lebensmittel entscheiden.

„Ab welchem Alter können Kinder in der Küche mithelfen?“

Es gibt kein bestimmtes Einstiegsalter. Ich würde sogar sagen. Je früher man anfängt, desto besser! Kinder haben unendlich viel Potenzial. Wir sollten versuchen, bei einem Glas verschütteter Milch oder auf dem Boden verstreutem Mehl auch mal ein Auge zuzudrücken und den Kindern die Freiheit geben, sich auszuprobieren. Durch eigenes Experimentieren entwickelt das Kind eine erstaunliche Handfertigkeit, die wichtig für sein Wachstum ist. Du wirst erstaunt sein, wie selbstverständlich es lernt ein Ei zu verquirlen oder einen Teig kräftig zu bearbeiten. Indem du Vertrauen in seine Fähigkeiten zeigst, hilfst du deinem Kind, Vertrauen in sich selbst zu haben.

„Ist es gefährlich, dem Kind zu erlauben, alle Küchenutensilien zu benutzen?“

Es ist klar, dass wir Eltern dabei sein und jeden Schritt überwachen sollten. Zu Beginn kannst du Utensilien wie kleine Kindermesser, kleine Nudelhölzer und eine kleine, abgerundete Schere bereitlegen.

Giulia Ferrara

Ernährungsbiologin

TIPPS UND ANREGUNGEN

Kinder bringen uns immer wieder zum Staunen. Wenn wir sie spielen und experimentieren lassen, können sie im eigenen Tempo, im eigenen Raum und mit der eigenen Fantasie, Großartiges schaffen. Bei diesen Backprojekten werden sie sagen: „Mama, ich habe das ganz allein gemacht!" Und deshalb helfen wir ihnen, es selbst zu tun.
Natürlich immer mit unserer Unterstützung, Hilfe und Aufsicht, besonders in der Küche. Sobald die Grundrezepte einmal ausprobiert sind, können diese nach eurem Geschmack abgewandelt werden!

Wie du kleine Bäcker bei der Zubereitung der Köstlichkeiten unterstützt

ARBEITSPLATZ

Bereite einen aufgeräumten und kinderfreundlichen Arbeitsplatz vor:
- Abwaschbare Plastiktischdecke
- Tablett für Gläser und die benötigten Zutaten
- Küchenutensilien, mit denen auch kleine Hände arbeiten können

ABMESSEN

Kinder neigen dazu, den Löffel mit festen Zutaten und weniger mit flüssigen Zutaten zu füllen. Aber keine Sorge! Kleine Abweichungen beim Füllen der Becher oder Löffel werden das Backergebnis nicht beeinträchtigen.

RÜHREN

Die Kinder sollten die Zutaten am besten mit einem Schneebesen verrühren, nachdem sie die Zutaten becher- oder löffelweise in die Rührschüssel gegeben haben. Du kannst ihnen helfen, wenn der Teig zu fest wird oder wenn bestimmte Schritte wie „Die Eier mit dem Zucker schaumig rühren und das Backpulver mit dem Mehl mischen" auszuführen sind.

ARBEITSPLATZ

Stell sicher, dass beim Arbeiten mit Backofen und Herd immer ein Erwachsener die Aufsicht hat, um absolute Sicherheit zu gewährleisten.

Die angegebenen Garzeiten sind Richtwerte

Die Temperatur je nach Backofen und der Größe der Backbleche einstellen

ACHTUNG

Achte besonders auf die Arbeitsschritte, bei denen ein Messer benutzt wird. Erwachsene sollten ihren kleinen Kindern helfen. Mit einem Messer mit runder Spitze können auch die Kleinsten sicher arbeiten.

DIE ZUBEREITUNG DER REZEPTE IST KINDERLEICHT!

UMFÜLLEN

DAS KIND FÜLLT DIE ZUTATEN MIT EINEM **ESSLÖFFEL** IN DAS GEFÄSS – BIS **MAXIMAL EINEN ZENTIMETER UNTER DEN RAND.**

KINDER LIEBEN ES, DINGE UMZUFÜLLEN. DIESE TÄTIGKEIT GILT IN DER MONTESSORI-PÄDAGOGIK ALS GRUNDLEGEND, DA SIE DIE AUGE-HAND-KOORDINATION UND DIE KONZENTRATION FÖRDERT.

SCHRITT FÜR SCHRITT

DAS REZEPT WIRD SCHRITTWEISE ZUBEREITET: DAS KIND MUSS DIE ZUTATEN NACHEINANDER IN EINER BESTIMMTEN REIHENFOLGE HINZUFÜGEN UND **JEDE ZUTAT MIT DEM SCHNEEBESEN UNTERRÜHREN.**

JEDES REZEPT HAT MAXIMAL FÜNF MASS-EINHEITEN VON EINER ZUTAT, SODASS AUCH KLEINE KINDER DIE REZEPTE SELBSTSTÄNDIG ZUBEREITEN KÖNNEN.

ZUTATEN AN DEN ETIKETTEN ERKENNEN

Ohne Waage und ohne Lesekenntnisse

1. Sechs Gefäße vorbereiten

2. Etiketten aufkleben

3. Zutaten einfüllen

MEHL — ZUCKER — UNGESÜSSTES KAKAOPULVER — OLIVENÖL — MILCH — SONNENBLUMENÖL

ANDERE ZUTATEN

WASSER — JOGHURT — EI — HONIG — KONFITÜRE — FRISCHE FRÜCHTE — BACKPULVER — SCHOKOLADE — SCHOKO-CHIPS — DEKO-STREUSEL — PUDER-ZUCKER

ZUM ABMESSEN

DU BRAUCHST

JOGHURTBECHER (125 Gramm)

ESSLÖFFEL

und drei einfache Schritte:

FÜLLEN
DES BECHERS ODER DES LÖFFELS

AUSSCHÜTTEN

RÜHREN

SCHÜRZE

SCHNEIDEBRETT

SCHÜSSEL

BACKPAPIER

SCHNEEBESEN

BACKFORM

MUFFINBLECH

SIEB

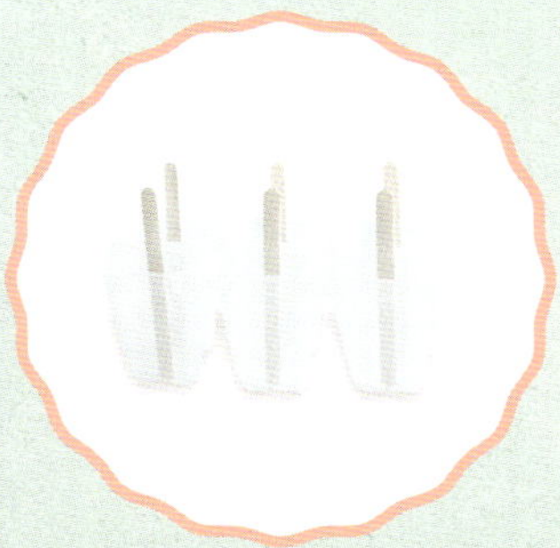

FORMEN FÜR
EIS AM STIEL

STIELE FÜR CAKE POPS

FLASCHENVERSCHLUSS

KEKSAUSSTECHER

.... und jede Menge Spaß!

Pfannkuchen

ZUTATEN FÜR 12 PFANNKUCHEN

1 

 1

 2

 2

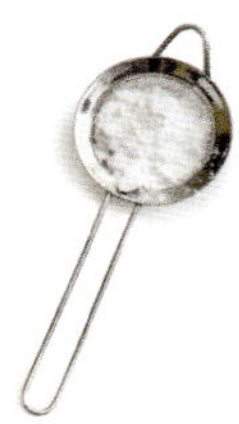

 1

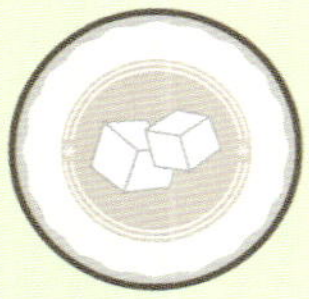 1 

 2 

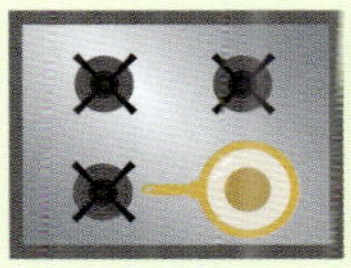

BACKE DIE PFANNKUCHEN IN EINER HEISSEN BESCHICHTETEN PFANNE BEI MITTLERER HITZE.
SOBALD SICH BLÄSCHEN AN DER OBERSEITE DES TEIGS BILDEN, WENDE DEN PFANNKUCHEN UND BACKE IHN EINIGE MINUTEN AUF DER ANDEREN SEITE.

SERVIERE DIE PFANNKUCHEN NACH BELIEBEN MIT HONIG UND BLAUBEEREN, MIT AHORNSIRUP, KONFITÜRE ODER SCHOKOSAUCE.

MITTLERE
TEMPERATUR
3 Minuten
AUF JEDER SEITE

Joghurtkuchen

ZUTATEN

3 

 2 

 1 

 1 

 3 

1 

3

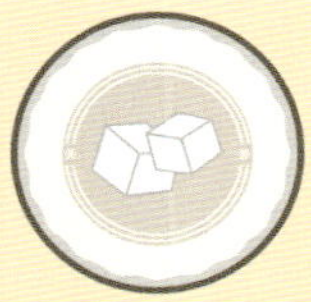

2

1

 1 

 3 

1 

WENN DER KUCHEN SÜSSER UND AROMATISCHER WERDEN SOLL, RÜHRE ETWAS FRUCHTJOGHURT ODER EINEN LÖFFEL KONFITÜRE UNTER DEN TEIG.

180°

30 Minuten

Joghurteis am Stiel

ZUTATEN FÜR 6 EIS AM STIEL

1 

2 

2 

2 

6

MISCHE NACH BELIEBEN ANDERE WEICHE FRÜCHTE WIE ERDBEEREN, PFIRSICHE ODER BANANEN UNTER DIE EISMASSE.

1

2

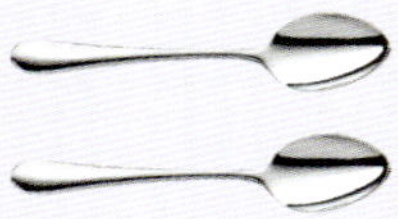

2

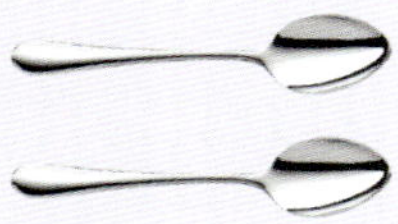

4 Stunden

WENN DU KEINE EISFORMEN HAST, KANNST DU JOGHURTBECHER ODER ANDERE PLASTIKGEFÄSSE VERWENDEN. DANN WIRD DAS EIS AM STIEL EINFACH ETWAS GRÖSSER.

Schoko-Muffins

ZUTATEN FÜR 12 MUFFINS

3

1

1

3

1

2

1

3

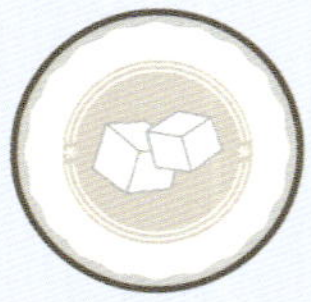

1

1

 3 

 1 

 2 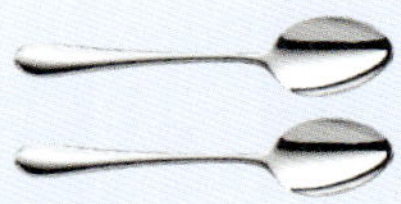

1

180°

25 Minuten

Erdbeer-Muffins

ZUTATEN FÜR 12 MUFFINS

3 

 1 

 1 

 1 

 3 

 1 

1 

3

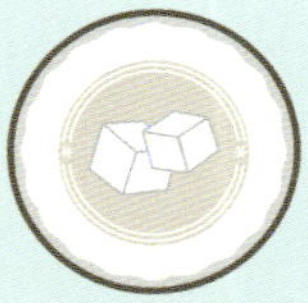

1

1

 1 

 3 

 1 

1 

FÜGE ABGERIEBENE ZITRONENSCHALE HINZU UND ERSETZE DIE ERDBEEREN NACH BELIEBEN DURCH ANDERE FRISCHE FRÜCHTE.

180°

25 Minuten

Schoko-Birnen-Kuchen

ZUTATEN

3 

 1 

 1 

 2 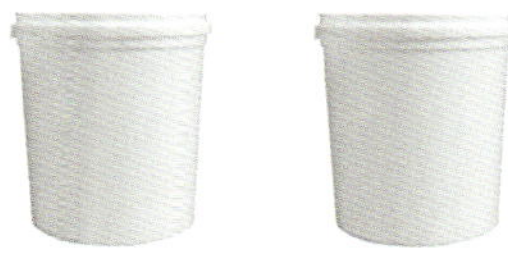

 4 

1 

 1

 3

 1 

 1 

2

4

1

1

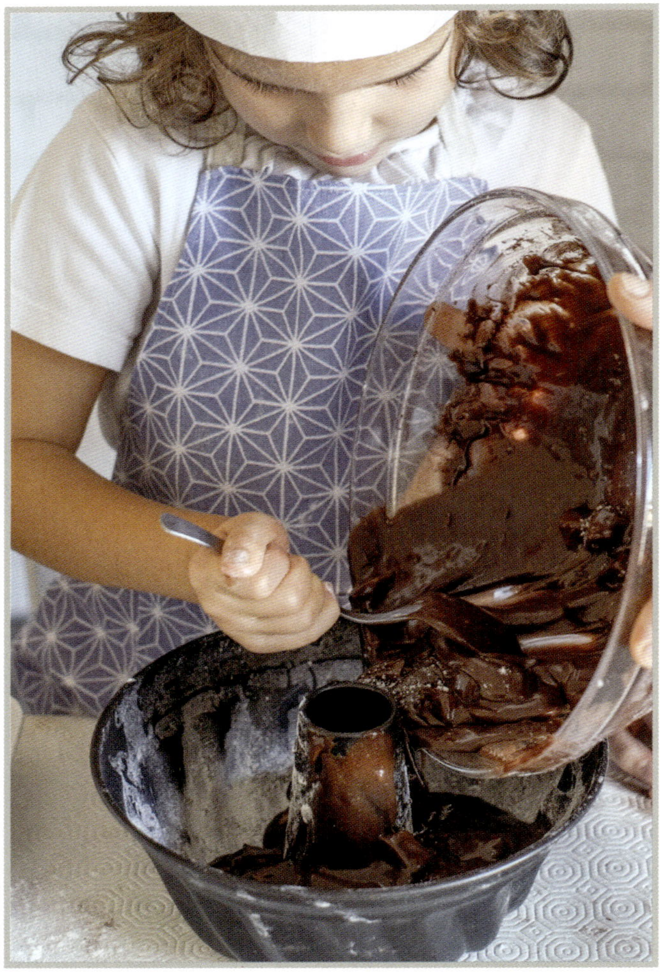

180°
35 Minuten

Gefüllte Sterne

ZUTATEN FÜR ETWA 20 KEKSE

2 

 1 

 1 

 5 

DU KANNST AUS DEM GRUNDREZEPT DES MÜRBETEIGS AUCH TARTES ODER ANDERES GEBÄCK ZUBEREITEN. ETWAS KRÜMELIGER WIRD DER MÜRBETEIG, WENN DU EINEN TEELÖFFEL BACKPULVER UNTER DAS MEHL MISCHST.

 2

 1 

 1 

5

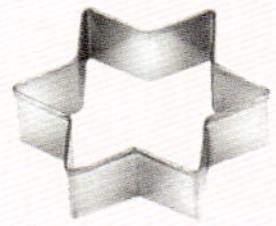

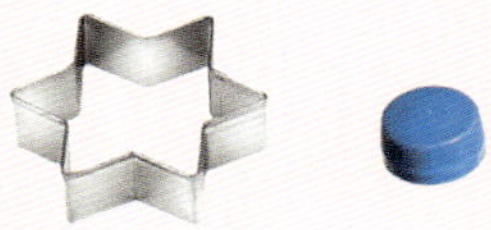

180°

10 Minuten

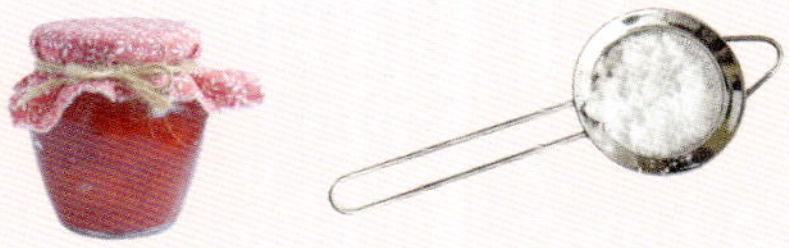

Cake Pops

ZUTATEN FÜR ETWA 25 CAKE POPS

5

2

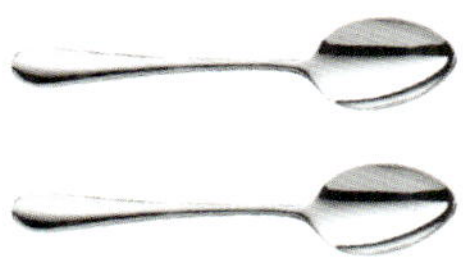

DIE KLEINEN KUCHEN AM STIEL KANNST DU MIT ZERBRÖSELTEM BISKUITBODEN ODER RÜHRKUCHEN ZUBEREITEN. MISCHE DIE KUCHENBRÖSEL MIT KONFITÜRE ODER SCHOKOLADE. TAUCHE SIE ZUM SCHLUSS IN ZERLASSENE SCHOKOLADE UND DEKORIERE SIE NACH BELIEBEN. SIE SIND PERFEKT FÜR KINDERFESTE!

5

2

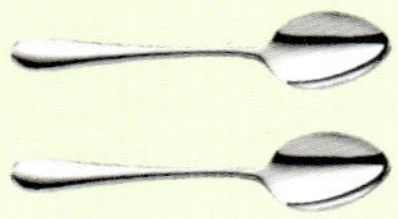

WÄHREND DIE BÄLLCHEN IM GEFRIERSCHRANK FEST WERDEN, SCHMILZT DU DIE SCHOKOLADE ÜBER DEM WASSERBAD. TAUCHE DIE SPITZE DES STÄBCHENS IN DIE FLÜSSIGE SCHOKOLADE UND STECKE DIE GUT GEKÜHLTEN BÄLLCHEN AUF. SO BLEIBEN SIE DIREKT HAFTEN.

Zebrakuchen

ZUTATEN

FÜR DIE ZUBEREITUNG DIESES KUCHENS BRAUCHST DU ZWEI SCHÜSSELN UND ZWEI LÖFFEL.

3 

 2 

 1 

 1 

 4 

1 

 3  +  2 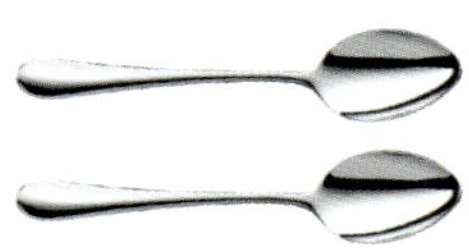

 3

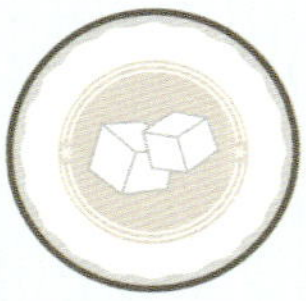 2 

 1 

1

4

1

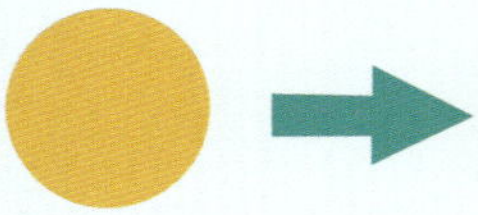

A B

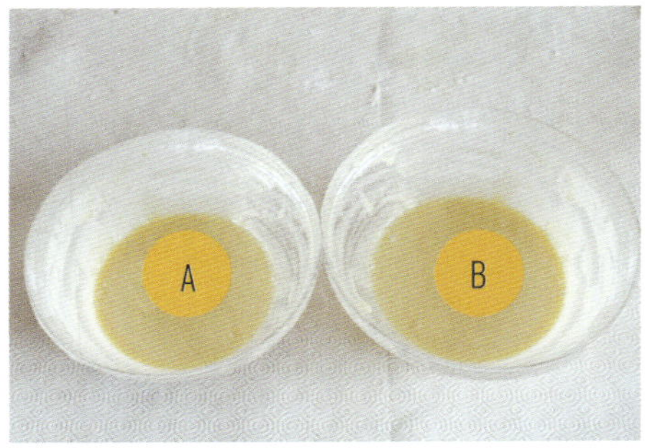

A

3

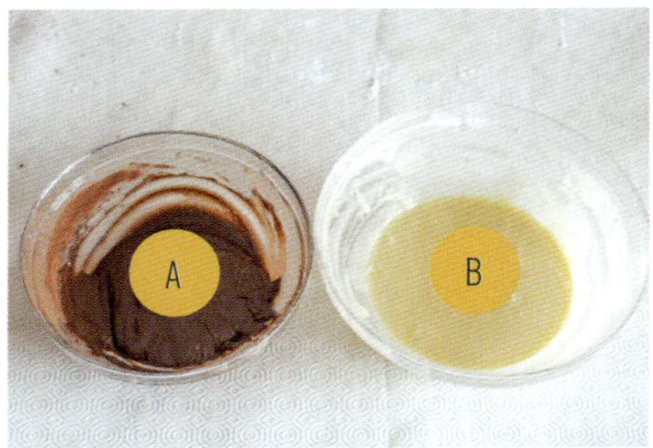

A

2

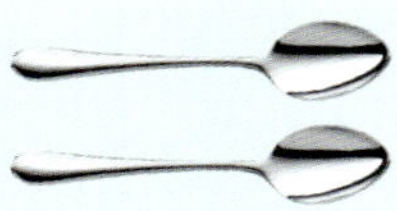

B

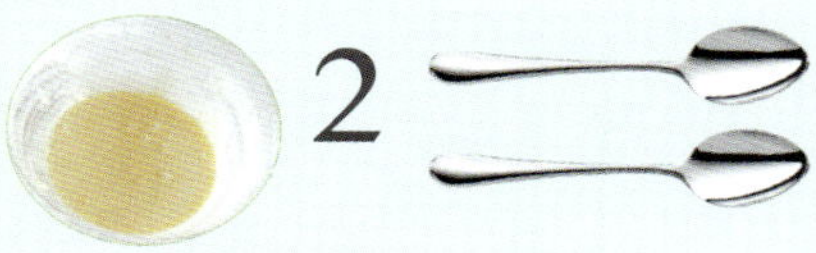

A

B

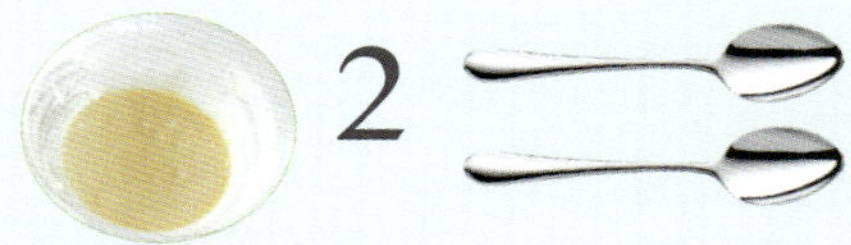

FÜR DEN ZEBRAKUCHEN BRAUCHST DU ZWEI LÖFFEL, EINEN FÜR DEN HELLEN UND DEN ANDEREN FÜR DEN DUNKLEN TEIG. FÜLLE DEN TEIG ABWECHSELND IN DIE MITTE DER BACKFORM. WENN DU DIE TEIGE MIT EINEM HOLZSTÄBCHEN VERQUIRLST, ERHÄLTST DU EIN SCHÖNES MUSTER!

Guten Appetit

Καλή όρεξη

njut av din måltid

Buon appetito

Afiyet olsun

祝您好胃口

Buen provecho

Приємного апетиту

Jó étvágyat!

bon appétit

お召し上がりください

enjoy your meal

Hyvää ruokahalua

KREATIVBÜCHER FÜR DIE ALLERKLEINSTEN

ISBN 978-3-7358-9058-0

ISBN 978-3-7358-9071-9

ISBN 978-3-7358-9014-6

ISBN 978-3-7358-9012-2

ISBN 978-3-7358-9013-9

ISBN 978-3-7724-4623-8

ISBN 978-3-7724-4622-1

ISBN 978-3-7724-4469-2

ISBN 978-3-7724-4487-6

ISBN 978-3-7358-9011-5

ISBN 978-3-7724-4614-6

ISBN 978-3-7358-9064-1

ISBN 978-3-7358-9070-2

ISBN 978-3-7358-9045-0

SBN 978-3-7724-4484-5

ISBN 978-3-7724-8439-1

ISBN 978-3-7358-9041-2

ISBN 978-3-7724-4390-9

ISEN 978-3-7724-8461-2

ISBN 978-3-7724-4340-4

ISBN 978-3-7724-4358-9

ISBN 978-3-7724-8462-9

ISBN 978-3-7724-4398-5

ISBN 978-3-7724-4673-3

#TOPPPROJEKT

Die eigene Kreativität zeigen: TOPPprojekt mit anderen Kreativen teilen und Teil der Gemeinschaft werden.

DIY-begeistert und auf Instagram? Dann unbedingt mitmachen! Hier gibt's Tipps und Feedback zu den eigenen Projekten. Außerdem verlosen wir jeden Monat ein Überraschungspaket. Um am Gewinnspiel teilzunehmen, einfach ein Bild vom Kreativ-Projekt aus unseren Büchern mit #TOPPprojekt posten und unserem Account @frechverlag folgen. Mehr Infos auf TOPP-kreativ.de/TOPPprojekt

Website
Auf TOPP-kreativ.de kannst du ein riesiges Angebot von über 1.000 Kreativbüchern, Sets & mehr entdecken.

Newsletter
Gleich anmelden unter: TOPP-kreativ.de/newsletter und immer als Erstes von unseren Neuheiten und Sonderaktionen erfahren.

Instagram
@frechverlag

Pinterest
pinterest.com/frechverlag

Facebook
facebook.com/frechverlag

DigiBib
Hier findest du zusätzlich zu vielen unserer Bücher digitale Extras, wie Video-Tutorials, Plotter-Dateien, Vorlagen, Übungsblätter & vieles mehr. Einfach im Impressum deines TOPP-Buchs den Freischalte-Code nachschlagen und exklusive Inhalte freischalten. TOPP-kreativ.de/digibib

Youtube
youtube.com/frechverlag

Wer wir sind, wie wir arbeiten, was wir lieben ...

Auf Instagram, Facebook und Pinterest findest du mehr über uns und unsere Arbeit und wirst immer schnell und einfach mit den neuesten Infos versorgt.

Alle News, alle Infos und alle Links findest du auf www.TOPP-kreativ.de

Impressum

Die italienische Originalausgabe erschien erstmalig 2021 unter dem Titel MAMMA CUCINO DA SOLO! bei red!

Kreative-Hotline

Wenn Sie Fragen zu den Anleitungen in diesem Buch haben, schreiben Sie einfach eine E-Mail an: mail@kreativ-service.info oder rufen Sie uns an unter : 0711 / 123 757 20*.

*normale Telefongebühren

Für die deutsche Ausgabe

AUTORINNEN: Katia Casprini, Roberta Guidotti

ÜBERSETZUNG: Brigit van der Avoort

PRODUKTMANAGEMENT: Sarah Ulmer

LEKTORAT: Sarah Ulmer

COVERGESTALTUNG: Tatjana Weiß

HERSTELLUNG: Heike Köhl

DRUCK: PNB Print Ltd, Lettland

MIX Papier | Fördert gute Waldnutzung FSC® C084698

Penguin Random House Verlagsgruppe FSC® N001967

1. Auflage 2023

ISBN 978-3-7358-9048-1 • Best.-Nr. 29048